닻근리 호두나무 제작소

시에시선 **081**

닻근리 호두나무 제작소

조영행 시집

詩와에세이

차례__

제1부

나사 · 11
출장 용접 · 12
황매화 한 분 · 14
갈대꽃은 오늘도 귀를 열어 놓고 · 15
은행나무 앞에서 · 16
시장 육거리 붉은 벽돌집 1 · 17
밥그릇 탑 · 18
배추를 묶으며 · 20
덤프트럭들 · 22
봄볕사 · 24
나는 매일 나비를 낳는다 · 26
향일성 · 28
도대체 뭔지 · 30
물푸레나무의 상상력 · 32

제2부

그녀의 목련 · 35
의자들 · 36
김장하는 날 · 38
드릴 · 40
오늘의 기상도 · 42
꽃들의 행로 · 44
주름의 기원 · 46
봄을 빈식하다 · 48
살맛 나는 요리 시간 · 50
이명 · 52
상처의 힘 · 54
불온한 세계 · 56
싸리꽃 · 58

제3부

닻근리에서 · 61
엄마의 가방 · 62
고등어 시편 · 64
나팔꽃 우체통 · 66
봄볕을 깎는 노인 · 68
산상 기도원 · 70
삭아가는 자전거 · 72
작은 공작나비의 우화 · 74
아득도 해라 · 76
꽃으로 왔다가는 시간 · 78
꽃방 · 80
시장 육거리 붉은 벽돌집 2 · 82
어떤 연애론 · 84
수몰지 · 86
라일락미용실 · 88

제4부

시큰거리는 저녁 · 93
돌담 도서관 · 94
갱년기 · 96
누수 · 98
굴참나무는 푸른 새들을 키우고 있다 · 100
도배 · 102
정박 · 104
목련꽃 출구 · 106
꽃의 각질 · 108
서울로 간 모소대나무 · 110
안부 · 112
비워지는 골목 · 114
엄마의 뜨개질 · 116
찔레꽃 · 118

해설 | 호병탁 · 119
시인의 말 · 143

제1부

나사

조인다,
흐릿한 눈빛과 헐거워진 하루부터 조여 본다
끓는 압력밥솥 추처럼 흔들리는 생각을
제자리에 끼워 넣는다
내가 나를 조여 보는 것이다
풀어진 신발 끈을 내일로 향하게 조절하는 것처럼
조여지지 않으면 탈선되는 행보
맥이 풀린 오전을 추슬러 오후로 밀어 보낸다
막막함도 지난 시절의 힘을 빌어 미래의 나사로
돌리다 보면 치자꽃 향이 날지도 몰라
무기력으로 풀린 것들
불안과 방치된 시간의 냄새가 나기도 하고
시든 화분의 꽃처럼 표정을 잃어 갈 때
나는 나를 튼튼한 하루에 고정해 보는 것이다
헐거워진 것들은 꼭 조여야 한다
비로소 잘 맞물려 돌아가는 것처럼
집안의 수도꼭지도 벽시계도 나의 사람들까지도

출장 용접

그는 오늘도 출장이다
때워 붙일 건 다 때워 붙인다
무너지는 집의 기둥에서
삐걱거리는 틈과 불화의 사이
튼튼하게 어지간해서는 떨어지지 않게
바짝 달궈서 이어 붙인다
그는 딱 보면 안다
어디가 떨어져 덜렁거리는지
어떻게 조절하면
이것과 저것의 사이가 영원무궁 떨어지지 않고
찰싹 붙어 있게 하는가를
세상은 시시각각 기울고 벌어진다
그리하여 그를 찾는 손길은 무수하고
아침부터 저녁 늦게까지
사이와 사이를 이어 붙이느라 동동거린다
푸른 불꽃의 사내
아르곤 배관 스테인리스 농기구 알루미늄
붙이는 데 이골이 난 그에게

나는 세상 이치에 대해 한 수 배운다

황매화 한 분

요양병원 보듬의 집 앞 황매화가
비에 젖고 있었네

꽃송이마다 그렁그렁 맺혔다 떨어지는
빗방울,

누가 여길 찾아 꼭 넘어올 것 같은 길인가
저 물안개 첩첩인 고개는

짙어가다 노랗게 질 것 같은 누구의 기다림은 아닌지

이만치 와서 돌아보면
보일 듯 보일 듯 와서 돌아보면

내 어머니 같은 황매화 한 분이
비를 맞고 서 계셨네

갈대꽃은 오늘도 귀를 열어 놓고

겨울 대청호에 나가서 보았습니다
어머니의 마른 손 같은
꽃이 진 빈 갈대가 바람에 흔들리고 있었지요
지난 계절 꽃으로 보낸 것들이
어디에 터는 잘 잡았는지
걱정으로 흔들리는 듯 보였어요
떠나보낸 그 자리에서 한 발자국도 움직이지 않고
이 혹한 속에 서 있었어요
바람에 제 몸을 내주고
어디선가 봄물 오르는 소리
푸르게 새순 올리는 소리 놓치지 않겠다는 듯
귀를 열어 놓았습니다
오는지 새순들 발걸음 소리 들리는지
굳게 닫힌 겨울 문 여는 소리 들릴 때까지
사각사각 몸이 비어 가는 소리
기다림의 시간은 꺾이지 않는다고
갈대가 바람에 흔들리고 있었어요

은행나무 앞에서

절집 앞 은행나무 잎이 지고 있다
비우는 중
아마 봄부터 비워 왔는지도 모른다

겨울 눈보라 속에서 키워온 봄 새순은
묵상의 푸른 언어들

어떤 물음에 답이라도 하는지
여름내 비워낸 것들이
참 단단하다

가끔 전 생애가 흔들리기도 했겠지만

수행승처럼 은행나무 한 분께서
툭툭
또 한 계절을 비우고 계시는데

시장 육거리 붉은 벽돌집 1

여기 생선으로 벽돌을 찍어내는 여자가 있다
시장 골목으로 향하는 리어카 바퀴가 붉고
미래의 벽돌집이 붉다
그녀의 거친 손바닥과 도마가 데칼코마니처럼 만나면
좌판 위의 생선들 붉을 채비를 한다
손님이 주문한 고등어가 토막 날 때마다
도마 위에서 지느러미로 벽돌을 찍어낸다
동태포 조기 갈치 오징어도
그녀의 곁을 떠나면서 전대 속으로
붉은 벽돌 몇 장이 비릿하게 쌓인다
검정 봉지에 생선을 포장해 주면서
그녀의 토막 난 꿈 조각과
고향을 떠나오던 봄날도 줘 버렸다
동태 내장을 손질하면서 그녀의 오장육부도
내장처럼 버려지는 날이 많아졌다
그런 날에는 파란 쓸개에서 쓴웃음이 나기도 했다
나는 괜찮다
저녁마다 붉은 벽돌을 밀고 가는 저 은빛 갈치 떼

밥그릇 탑

그릇을 씻어 싱크대 위에 포개 놓는다
밥그릇 위에 국그릇 위에 간장 종지
뽀드득뽀드득 문질러 닦은
우리의 그릇
공손하게 두 손으로 받쳐 탑을 올린다

내 안이 절 마당처럼 고요해지는 시간

의례처럼 올리고 내릴 때마다
쌓아 올려지는 나의 그릇들
한 식구 위에 또 한 식구 위에 그 위에 또 한 식구
우리는 서로를 포개 안고 탑이 된다

네가 나에게 내가 너에게로 포개지는 저녁

법문처럼 닦이는 우리
달그락달그락 올라가는 탑 층층
더러는 너무 꼭 끼어 떨어지지 않지만

그래서 무너질 일 없는
그릇이 그릇을 끌어안고 있다

배추를 묶으며

배추가 가을 햇살을 안는다
한 겹 한 겹 볕을 들일 때마다 노랗게 차오르는 속
몇 고랑 배추가
한 생들이 건너가는 푸른 잎의 계절
밖에서 안으로 안으로 채워지는 시간이 단단해진다

이제는 묶어주지 않아도 된다는데 나는
깨끗이 짚을 다듬어 하나씩 띠를 둘러주는데
잘 앉혀 놓은 질항아리처럼 단정해지는 배추들
아직 몇 번 더 비바람을 견뎌야 속이 깊어질 것이다

겹겹이 맑은 속잎
뽀얗게 차오를 중심을 생각하니
밭고랑 종대로 늘어선 하나하나 대견하다

지금은 꼭꼭 속을 채워갈 때
바람과 햇살이 배추 포기마다 푸드덕거린다
내 걸어온 종아리를 툭툭 치는 배춧잎

나는 한 계절을 건너온 노고를 쓰다듬어 본다
떼어낼 것도 버려질 것도 없는
그래서 조금 더 단단해져야 할
가을배추가 노랗게 햇살을 들이는 중이다

덤프트럭들

빈 덤프트럭 산 밑에 서 있네
가을을 부려 놓고

저 짐차는 먼 산길과 강을 돌아
여기까지 왔을 것이네
어느 산자락 늦은 바람을 싣고
산물 소리도 저기 부려 놓았을 것이네

산국 향은 가을을 깁고 있네
한 올 한 올 땀땀이 눈 내리는 시간이 올 것이네
이 가을이 가면
바퀴는 눈 속에 묻히고
짐칸은 긴 겨울로 쌓여 웅웅거리겠지
새들도 찾아오지 않을 동면의 나라

기다릴 것이네 언 엔진을 봄 쪽으로 돌려놓고
가장 먼저 돋을 봄풀과 꽃과 새와
풀린 강물 소리를

나는 바라보네
어디서 싣고 와 여기 부려 놓는지
어디로 저 산의 계절을 싣고 가려는지

가을 산 앞에
빈 덤프트럭 몇 대 봄을 기다리고 서 있는데

봄볕사

봄볕에 앉아 있는데 바위에
부처님 얼굴이 보인다

저 부처님 얼굴을 꺼내 줘야겠는데

나는 봄볕의 날을 갈아 돌을 쫀다
이마는 반듯하게 코는 오뚝하게 입꼬리는 살짝 올리고
봄볕에 나와 앉으실 부처님 한 분
그래 여기를 봄볕사라 하자

절 마당에 목련이 내 손끝을 바라본다
그도 마음이 급한지
부처님 입꼬리를 잡고 올린다

동고비야 너도 그러하니

바위 속 부처님 희미하게 웃으시는데
나는 봄볕사 뜰에 앉아

돌 속의 부처를 꺼낸다

저 미소, 별 하나 떨어져 내려도
변하지 않을 미소를
내 안에 들인다

봄볕의 날은 자꾸 뭉툭해지는데

나는 매일 나비를 낳는다

카페 테이블과 테이블 사이
나와 너 사이에 나비 떼가 날아다닌다

비에 젖은 날개들이 앤디 워홀의 마릴린 먼로
붉은 입술에서 내 입술로 넘어와 적신다

촉촉하게 한 모금 나비 향을 마실 때마다
내 안에서 파닥거리는 나비들

그건 내 몸에 카페인을 부화한 후
하루에 몇 번씩 나를 부르는 이 중독성 날갯짓

다만 나는
노랑나비처럼 팔랑대는 시 한 편 낳고 싶을 뿐

쓰다 만 졸음과 지우다 만 꽃과 버리다 만 별 하나 위에
모락모락 나비만 출산하고 있다

행과 행 사이를 날아다니는 묶음의 카페 라테
꽃으로 가는 행렬처럼 팔랑거리는
뽀얀 나비들

닫힌 자궁으로 나는
카페에 산실을 차리고 있다

향일성

고무나무가 창 쪽으로 몸이 휘었다
나는 왜 저 고무나무에서 새끼들이 떠오르는 것인지
지지대로 묶고 돌려놓아도 그쪽으로를 고집한다

창 너머에서 집안까지
햇살은 종일 고무나무에 드는데

지난해 꺾꽂이로 분가해 내보낸 한 가지가 있었던가
어느 집 베란다에 백자분으로 놓여
한 집 환하게 싱그러울 텐데

고무나무는 그 어딘가로 가지를 뻗어가는 것이다
잘 있냐고

나는 물 한 사발 주고 앉아 묻는다
밥은 해 먹고 사니

네

내 걱정하지 말고 엄마나 잘 챙기시라고요

베란다 볕 아래 쪼그리고 앉아 동병상련하는
나와
고무나무의 향일성

도대체 뭔지

메타세쿼이아도 자잘한 개망초도 하늘을 본다

하늘은 그 자리에 그대로 있는데

상수리나무도 개똥쑥도

하늘을 보고 있다

하늘이 뭔지

으름덩굴이 타고 가는 저 길

도대체 하늘이 뭐라고

모두 저리로 향하는 것일까

종착지가 하늘이었을까,

모두 하늘을 올려다본다

물푸레나무의 상상력

 레몬주스를 마셔요 카페 오후가 빨대에 딸려오네요 읽다 만 시 한 편이 딸려오고 시집이 권째 내 안으로 들어옵니다 마지막 한 모금의 오후 나는 내가 아니에요 고무나무와 매미 소리와 창밖의 은행나무 나는 이 계절에서 서서히 물들 거예요 저 계절로 가는 나 수국이 여름 한나절에 빨대를 꽂고 쭉 빨아들입니다 내가 빨려 들어가고 옆 테이블 아줌마들이 주르륵 빨려 들어가고 죽은 시계의 시간이 넘어가네요 풀벌레는 소금쟁이 소금쟁이는 은사시나무 은사시나무는 개똥쑥 개똥쑥은 청호반새 저것은 여기에 있고 어디에도 이것이 있어요 나는 시집 속으로 빨려 들어가고요 나는 한 편의 시 한 편의 커피나무 레몬주스가 나를 마신답니다 발칙한 물푸레나무의 상상력 아니겠어요

제2부

그녀의 목련

목련공원 운구차들 늘어서 있다

죽은 자도 산 자도 천천히

아주 천천히 들어간다

목련공원 목련꽃은 벙그는데

온 길 돌아보고 가라는 건지

꽃으로 가는 길엔 저기 뜨거운 불길을 지나야 한다고

나는 한 생이 꽃으로 건너가는 자리에 앉아 있다

아흔네 번째 봄이 활활 타고 있다

그녀의 목련

의자들

다리 밑에 버려진 의자들
식탁 의자 책상 의자 사무실 의자 식당 폐업 의자
노을에 세월에 삭아가네

의자 하나씩 차지하고 노인들 시간을 죽이시네
움직일 때마다
관절이 삐걱거리는 건지
의자가 삐걱거리는 건지
삐거덕삐거덕 세월에 스며들고

너나 나나 여기까지 오느라 고생했다
의자를 쓰다듬는 손이 거칠다

앙상한 삭신으로 이제
누굴 받쳐주는 일 따윈 없겠지만
그래도, 아직은 쓸 만하다며
절반쯤 부서진 의자의 흔들거림처럼 울리는
퇴행성 관절

그래도 여기까지 끌고 왔으니
아직은 봄날 아니냐고

허허 주고받는 막걸리 잔에 노을이 출렁거린다

김장하는 날

우리는 저세상의 엄마를 불러오고
한 방에서 뒹굴던 시절을 불러오기도 했지요

이야기를 썰고 다듬는 동안
옛날은 빨갛게 버무려지고
알맞게 절여지는 우리의 지나간 날들

배춧속처럼 뽀얗게
서로 닮은 이야기가 한 소쿠리 소복해질 때
우리는 서로의 속을 채워갔어요

꼭꼭 눌러 담은 맛 깊은 저녁
나는 내 시집의 한 페이지처럼 놓여본 거야

엄마의 방
왜 이렇게 허리가 쑤신다냐
끙끙 앓던 그 구부러진 통증이 내게로 와
나를 뒤적이는 시간

입학졸업생일결혼출산남양홍씨
발효되지 않아도 좋을 것들
우리는 각자의 방식으로 저장하게 될 거예요

식탁에 올려질
푸르고 긴 이야기와
한 접시씩 반듯반듯 썰어 음미하게 될
그리움이라는 것

그리고
적당하게 숙성된 날들을

드릴

어디선가 들려오는 드릴 굉음 소리
세상에 뚫지 못할 것이 없다며

고시원에서 몇 년째 제 몸을 연장 삼아
뚫을 곳을 탐색 중인 취준생들
누구에게나 연장 하나쯤은 있지
그들은 몇 년째 활자로 제 몸을 연마 중이다

뚫고자 하는 곳에 따라 꼭 맞는 날을 사용해야 한다
용도에 맞지 않으면 뚫기는커녕 연장만 고장 난다

무조건 뚫는다고 되는 건 아닐 터
목표물에 대한 이해와 힘 조절이
정확하게 조준되어야 한다

정해진 곳에 알맞은 크기로
구멍을 뚫어야 한다
적중하지 못하면 무조건 실패다

어디든 뚫다가 잘 안된다고 옮겨 다니면 다닐수록
흔적이 남아 상처가 될 때도 있다

비빌 언덕조차 없을 때는 제 몸을 송곳같이 날을 세워
막막함도 좌절도 뚫어 볼 일이다
그리하여 콘크리트와 철판보다 단단한 이 세상에
한 번쯤 굉음으로 숨구멍을 내보자고
제 몸을 드릴 중인 청춘들

오늘의 기상도

오늘이라는 레인지에 내 딱딱한 오전을 넣고
자동 조리 버튼을 눌러요
30초, 1분, 10분
조금씩 말랑해지는 시간
우울도 끝없이 침몰해 가는 내
등 푸른 소망의 어류들도
파닥파닥 살아나는 걸요
어디 그뿐이겠어요
당신 쪽에서 찬바람이 불 때도
그 냉랭한 시베리아 고기압의 일기도를 넣고 돌려요
오른쪽으로 오른쪽으로
당신의 얼어붙은 한랭전선이 열릴 때까지
얼었던 관계가 쾌속 해동되는 알람이 울릴 때까지
 그렇다고 필요 이상 작동시키는 건 금물이라는 걸 알아요
 또한 해동된 사이를 다시 얼리지 않는 것도 꼭 숙지
 본질이 왜곡될 수 있으니까요
 일상이 무표정으로 굳어졌다거나

내일이 답답하게 느껴질 때만 잠깐
 오늘이라는 레인지에 공손히 손을 모으고 부탁해 보는 거지요
 30초, 1분, 10분……
 가벼워졌어요
 둥글게 닫혀 있던 오늘의 우울 등압선이 열립니다

꽃들의 행로

냉이가 하얗게 길을 가네

꽃다지, 민들레, 꽃마리

저기도 길이었던가 늙은 농부가 걸어가는 등동리 농로

그 어디쯤에서 일까

환한 날을 길어 올리고 있는지 몰라

뿌리처럼

물길을 찾아가는 뿌리처럼

줄줄이 사각거리는 청춘의 이력서처럼

길을 가네

천 리를 걸어가는 저 들판의 행군 소리

주름의 기원

사과나무 밑에 낙과가 수북해요
주름지고 썩고 무른 것들
저곳은 죽음의 자생지
주름은 썩기 위한 숙성의 시간이었을지 몰라
계절의 끝에서는 주름의 시계가 빨라진다는 거 아니겠어요
근육이 빠져나가기 시작하면
켜켜이 쌓인 주름과 주름 사이로 단내가 올라와요
온다는 것과 간다는 것을 모두 쏟아 놓게 되지요
근원이라는 것
햇살과 바람과 구름이 몸 깊은 곳에서 만날 때
동글동글 익어가는 주름의 탄생
한 개의 사과를 아삭하게 베어 물면
그것은 한 생을 물고 있는 거랍니다
없애시겠다고요
주름은 지문 같아서 지운다고 지워지지 않을 거예요
당신의 붉고 달달했던 날을 버리시겠다면 모르지만요
저도 그냥 받아들이기로 했습니다

내 안에 수북해지는 주름 뭉치를요

봄을 번식하다

저수지가 몸을 열었다
몸을 여는 것은 문이 열린다는 것
문, 그건 모든 것을 받아주겠다는 말

얼었던 저수지가 풀리고
봄을 번식할 물새들 날아와
산 그림자를 산실 삼아 봄을 내놓고 있다

대설의 눈보라 푹푹 빠지던 길들
겨울 산 물밑으로 가라앉고

물새들이 낳은 저수지의 봄
물결은 보듬고
하늘은 푸르게 젖고 있다

꽃샘은 봄을 수면 아래 잠시 내려놓기도 하지만

윤슬의 저수지

봄을 앓는 이가 겨울새처럼 와서는
우울을 풀어놓고 간 자리에 온종일 봄물이 스며든다

물 위로 산수유 피고 나는
문, 수중의 어느 봄날을 열고 들어가
해종일 출렁이겠다

살맛 나는 요리 시간

내 시는 너무 싱거워 맛이 안 난다는 말을 들으면
살맛이 안 난다
그때 냉이된장국을 끓이며 생각한다
한 편의 시를 어떻게 끓여야 깊은 울림의 맛이 날까
바닷바람 한 스푼 넣어 본다
비릿하기만 할 뿐 감칠맛이 없다
깊은 사유의 맛은 없고 밍밍하다
청양고추 매운맛을 빌려와 밍밍함을 지워 본다
건더기는 없고 국물만 넘치는 것 같아
한 줄의 국물을 버려 본다
여전히 냉이 향이 선명하지 않다
소고기와 양파를 첨가했더니 진솔함이 묻힌 탓일까
깊은 맛을 내기에는 아직 숙성이 덜 된 걸까
이리저리 궁리해도 간이 맞질 않는다
봄 냉잇국 한 사발 짓겠다고
각종 조미료를 떠올리다가
어머니의 손맛을 흉내 내 보다가
네이버 검색창을 기웃거리는 시간

제발 나 살맛 한번 나고 싶다

이명

울음의 시조가 있다면 저 울음일 거야
매미들 며칠째 운다
제 울음을 들을 수 없어서일까
빈 껍데기로 매달려 있을 제 울음 집을 위한 애도일까

숲을 울리는 공명
나무 한 그루를 뽑아 올릴 듯 온몸을 진동시키는데
우는 일이 뜨겁다

살아온 시간의 설움이
울음보를 밀어 올려 우듬지에 닿는가
저 허공 어디 제 무덤이 있어
곡으로 간다면야 모르지만
땅에서 왔으면 땅으로 갈 일이지

저 울음통 언제 다 비워지나

젖은 시간을 꺼내 널어도 더 눅눅해지기만 하는

숲,

맴 맴맴 맴맴맴

잊은 듯 한참을 걸어와 귀 기울여도 울음처럼 따라온
이 울렁거리는 이명

흠뻑 젖은 숲이 들썩거린다

상처의 힘

볕에 세워 놓은 젖은 은행나무 도마
들어오는 데로 칼날을 받아낸 도마는
온통 상처의 힘으로 서 있다

저 나무의 내부에는 또
얼마나 깊은 칼자국이 남아 있을까
나는 보이지 않는 도마의 칼자국들을 들여다본다

반듯반듯 잘라지는 것들은 상처의 힘
결코 칼의 깊이와는 무관하다
무르거니 단단하거나 칼날 앞에 놓이는 걸
숙명으로 여길 뿐

칼이 들어간 깊이까지 스민 붉은 핏물
다져진 매운 눈물의 칼집까지
봄볕에 말라가면서도
그 상처의 흔적을 버리지 못하고 끌어안고 있다

반짝반짝 드러난 칼자국
언제든지 칼 받을 준비를 하고 있는
저 도마의 자세
나는 도마의 배면과 마주하고 있다

불온한 세계

무거워진 몸 굵어진 허리 쏟아지는 잠
들어보셨나요
뒤죽박죽편집적갱년기산전우울중이라고
저는 지금 이순의 입덧을 앓는 중이거든요
시시때때로 차오르는 하루의 뇌 수압
주야는 만성 두통으로 뒤섞여 구분 불가
불면의 몽유 지대를 서성거린답니다
홈쇼핑 채널에서 홈쇼핑 채널로의 이동은
시간 긁기지요
미납의 미래는 수북하게 쌓여가고요
울렁거림과 출렁거림 사이에서 기우뚱
기울어지는 나의 조타 없는 배여
오늘이라는 제품과
뜯지 않는 내일이라는 품목들이 딱딱해집니다
나도 알지 못하게요
날마다 배달되는 우울의 택배
불면의 불편 염색체들이 침대를 파고들잖아요
불온한 생각들의 귀차니즘과 다식증이 덩굴져 나를

칭칭 감고 오르고요
아주 오래된 빙의처럼
내 어린 시골처녀나비의 무게를 묵직하게 누릅니다
매일매일 출산 임박
이 붉은 폐경의 체위는
매일매일 난산 중이랍니다

싸리꽃

싸리꽃에서 비질 소리 들리네

눈 내린 아침
장독으로 사랑채로 뒷간으로
길을 내는 싸르락 소리

어린 시절 잠결에 어렴풋이 들었던 그 소리
이젠 잘 들리네, 아버지는 먼 곳에 계시는데

붉은 보랏빛 꽃잎으로
나를 쓸고 가는
닳고 닳은 싸리비꽃

제3부

닿근리에서

늙은 호두나무 한 그루 수액을 맞고 있다

절반쯤 비어 있는 몸통
그동안 저 몸을 누구에게 내주었으려나

빈 나무에서
한 가계의 피고 짐을 본다

나의 풍요와
우리의 계절이 드나든
적막

이제 속울음조차 내놓을 수 없는
나의 닿근리

그리움의 방식이란
단단한 호두 껍데기를 깨는 일이어야 하는지

내 아버지가 저기 있다

엄마의 가방

얼마나 오래됐을까 이 가방
엄마의 묘비처럼 지나간 시간이 바래져 있어요
언제부터 적기 시작했을까
나는 가방에서 작은 가계부 한 권을 꺼내봅니다

거기 첫 쪽부터 어린 내가 있고
장날이 있고 사탕 한 봉지와 분홍 원피스와
기억에도 없는 내가 사탕을 문 내가 기록돼 있어요

어느 초파일이었나 봐요
갈피 속에 끼워져 있는
연등 밑에서 젊은 여자가 살짝 웃고 있는
오래된 사진 한 장
어색한 표정으로 옆에 어린 내가 서 있고요

나는 가계부에서 자라고 있었어요
옷이 커지고 발이 커지고 도시락이 생기고 자취방이 생기고

내가 커갈수록 같이 커졌을 가방

이제야 지퍼를 닫아보지만 닫히지 않는 지퍼
닫아 놓을 새 없이 꺼내야 할 것들이 많았을 테니까요
이 빠진 지퍼가 물고 있던 날들
내 안에서 가방처럼 노후되지 않는 엄마를 꺼내요

주글주글 텅 빈
나는 아직도 꺼낼 것이 너무 많은
이 낡은 빈 가방

고등어 시편

시장 육거리에 가면 몇 권 분량의 시를 만나게 된다
정육점에서 전집에서 그릇 가게에서 순대국밥집에서
나는 고등어 좌판 앞에서 몇 편의 시를 읽다가
고등어 한 권 사 들고 오는데

비릿한 시 한 손 들고 탄 버스는 고등어의 힘으로 가는지
브레이크를 밟을 때마다
내 무릎 위에서 출렁거리는 검은 비닐봉지 속의 시 한 손
바다를 건너온 고등어의 언어를 나는
어떤 시작법으로 받아 적어야 하는지

고등어를 다듬다 보는 것이다
한 손의 내가 다른 한 손의 시를 읽고 있는 것을

집안에는 푸른 등의 시편이 구워지는 냄새가 돌아다니고

응축된 언어를 쏟아낸다
독창적 은유의 세계

선명한 물결무늬를 내게 받아 적으라 하는데
나의 행간에는
죽은 고등어만 한 손 뻣뻣하게 놓여 있다

나팔꽃 우체통

저 꽃 편지 좀 봐
우체통을 휘감고 올라가는 나팔꽃 덩굴
얼마나 하고 싶은 말 깊이 묻어 놨으면
뿌리부터 시작되었을까

꽃,
핀다는 것이
어디 하루 한낮에 이루어지는 것이랍니까

저 문 가까이 도달하기까지
어긋나는 잎들을 외줄로 세우며
우기를 견뎌왔을

나팔꽃 편지,
피워도 피워도 다 피우지 못한 채
오늘 밤 꽃 붓대 잠시 내려놓았네

끝인사 맺지 못한 분홍 편지지엔 바람만 지나고

속 타들어 간 시간 까맣게 말줄임표로
이어 보는 꽃이 되는 길

누가 거기 있어 받는가요
본제입납하고 가는 건지도 모를 일

저 꽃 편지 좀 봐

봄볕을 깎는 노인

육거리 시장 건너편 보도블록 길을 깔고 앉아
노인이 밤을 까고 있다

그녀의 미래를 만지듯
밤의 앞면을 촘촘히 다듬더니
뒷면에서 옆으로 기계처럼 무심히 돌려 깎는데
봄볕이 그녀의 굽은 등에 머문다

검정 봉지를 좌판 삼아 한 줄로 세워 놓은 밤
어찌나 정교한지 어느 제사상에 올려놓은 듯 경건하다

저 큰길 건너 시장통 안으로 입성하기까지는
얼마나 많은 밤껍질을 벗겨내야 할까
그녀의 등은 밤처럼 둥글어만 가는데

언제나 중심으로부터 밀려나왔을 구석처럼
칼을 잡은 손등에는 그녀의 생처럼
실핏줄이 시퍼렇게 드러나 있다

밤송이같이 찌르던 날들도 이젠 옛일
노인 곁에는 밤 껍데기만 지난날처럼 쌓여 있고
숙인 고개가 땅바닥과 맞닿을 것만 같은데
세월을 벗기는지 궁핍함을 도려내는 것인지 모를
저 숙련된 손놀림

흥정하는 이도 호객행위도 없지만
밤이 수북하게 쌓일수록
두둑한 저녁이 되겠지

그녀의 굽은 등 위로 봄볕이 지난다

산상 기도원

겨울 산에 들어서 본다 여긴 산상 기도원

눈이 내린다

굴참나무 생강나무 산벚나무 물푸레 가문비

기도에 들었다

하늘을 향한 묵도

언 땅 깊이 뿌리를 내린

겨우내 견뎌야 할 저 고집스러운 자세

기도하는 모든 것들에는

하늘에 뜻이 있으므로

폭설의 눈보라를 뚫고

새싹과 꽃을 세상에 내보내는 것인지도

겨울 산상 기도원

바람 속에서 나무들이 하늘을 받고 있다

삭아가는 자전거

그의 자전거가 묶여 있다

다 닳아 떼어 버려진 자전거 안장처럼
결국 노인은 요양원으로 들어갔다는 이 골목의 소문

소문을 증거하듯 서 있는 삭아가는 자전거
직진을 신념으로 여기던 바퀴에
족쇄처럼 거미줄이 채워져 있다

모퉁이들은 시간 밖으로 자전거를 밀고
골목은 그의 달려온 시간을 붙잡고 있다

부동의 자세처럼 멈춘 녹슨 살들
먼 나라의 순장을 기억이라도 해낸 것일까
굴러온 생을 스스로 멈추려는지
바람도 내주고 탱탱하던 바퀴의 시간만 주저앉아 있다

모를 일, 바람도 어둠도 모를 그가 달려온 길

헛바퀴 돌 듯 마모된
한 생의 기억처럼 바퀴를 내려놓고
페달도 은빛 바큇살도 흔들리던
핸들도 내려놓고 다시 바람으로 돌아가는 자전거

부러진 바큇살은 허물어져 가는 한 일대기로 녹슬고 있다
그의 내력 흐려지고 구부러진 채
서쪽으로 기울 때
불꽃처럼 노을이 내려 한 생을 안고 있다

작은 공작나비의 우화

저것은 어느 페인트공의 우화일 것이다
전봇대 밑에 버려진 낡은 작업복 한 벌
나는 그가 벗어 놓은 허물을 들여다본다

본래 색이 있기나 했던 것일까
상처투성이인 저 껍질
얼룩 위로 날마다 덧칠했을 고소 공포증이 묻어 있다

그는 전생이 나비였는지도 모른다
아파트 숲을 날아다니며
지난 얼룩을 지우고 색을 입히고
내일은 이리 환해지길 희망하는 거라고 팔랑거리는

그의 날개에서는 무수히도
울음의 관절 소리가 삐걱거렸을 것이다
흔들리는 외줄
공중에 저를 맡기고
세상 풍파에 맞서는 일이란 늘

추락의 공포를 이겨내야 하는 일

그의 아버지의 아버지가 그랬던 것처럼

버려진 낡은 작업복
그는 우화했을까
공작처럼 우화하고 싶은 작은 공작나비 한 마리의
얼룩진 작업복

늘 그 자리에 있던 전봇대가
오늘 참 낯설다

아득도 해라

냉이가 붉게 살아 있다
닥쳐올 한파
어떻게든 견뎌 보겠다는 거겠지
땅속 깊이 뿌리를 내리고

눈발이 밭고랑에 경고처럼 한차례 지난다
저 밑 세상인들 살만할까 싶은데
자손 번창하듯 뻗어 간다

돌과 맞닥뜨리면 돌아가고
그늘진 곳은 피해 가면서도
겨울 냉이, 향은 불문율이었을까
희고 곧은 뿌리에 봄 향 명줄처럼 붙잡고 있겠다

저들도 처음부터 본래의 자리가 아니었을
어떻게든 살아보겠다며 잡았을 터전
덤불 같은 바람에 뿌리째 흔들리기라도 하는 날엔
떠나왔던 곳으로 몸이 잠시 기울어질 때도 있었겠지만

생각뿐

  또다시 한파주의보는 걱정처럼 내려지고
  붉은 냉이,
  얼어 터지는 겨울을 건너는 중이다

꽃으로 왔다가는 시간

목련은 지금 만개의 때
청춘을 피워 보여요

아직은 아니에요

온몸으로 느끼기엔 좀 더
시간이 필요해요

시간이란 차는 무정차로 달리니까요

하차지를 향해 가는 꽃,
씨앗, 주름, 오래된 뿌리

꽃은 어제의 어제로부터 핀다는 걸
가문 같은 물관이 있어 핀다는 걸

육십 번째 피워보는 꽃의 내력
환하면 환한 대로

향기가 없으면 없는 대로
피워 놓고 보면 모두 꽃인걸요

꽃, 곱고 꽃 향이 있어야 한다는 강박중 따위는
이제 세월에 묻을 수 있어요
때를 맞추어 만개할 수만 있다면요

대대손손 아주 오래된 뿌리가 내게는 있어
꽃에서 꽃으로 건너갈 때
흔들리지 않을 수 있을 거예요

꽃으로 가는 길에
꽃을 보듬어 보는 계절입니다

꽃방

마당가 오래된 배롱나무
꽃그늘 집안에 드리우고 있네

엄마는 어딜 갔을까

대문 여는 소리에
빨갛게 뛰어나오는 배롱꽃

당신은
먼 길 돌아와
더 붉게 피어 기다리고 있었는지 몰라

빈집,

구석구석 배롱꽃 향
꽃빛으로 앉은 저기 붉은
엄마의 꽃방

내 오래된 집이 있어
늙은 배롱나무 꽃으로 드네

시장 육거리 붉은 벽돌집 2

그녀가 바다를 밀고 간다
시장 골목 귀퉁이에 좌판 한 척 정박시킨다

먼바다를 건너온 젊은 베트남 여자도
그녀의 바닷가에 잇대어 한 칸 좌판을 세우고
짐을 부린다

막 건져 올린 그녀들의 아침
등 푸른 고등어와 다시 돌아가야 할 바다를 꿈꾸는
이방의 손끝에 펼쳐지는 바다의 내면

새벽마다 이 골목에선 싱싱하게 살아 숨 쉬는
비린내가 출렁거린다

은빛 고기떼로 몰려다니는 인파
그녀들은 집어등을 켜고 골목을 지킨다
볼락 갈치 오징어 생태
밀물처럼 차오르다 썰물처럼 나가는 하루의 만조에

대해
 생각하지는 않는다

 마수걸이는 언제나 있고 파장은 오므로

 좌판에서 벗겨지지 않는 질긴 껍질 같은 가난도
 벗겨내지 않았던가
 그녀의 붉은 벽돌집 한 채 그렇게 생겨나지 않았던가

 생선 가시 같았던 이 골목
 저 이국의 여자도 소금기가 묻어나는 오늘을
 살아내야 하는 바다였으므로

어떤 연애론

참깨를 볶다 보니 알겠다
처음엔 물불 안 가리고 찰싹 붙어 있는
촉촉한 마음이 전부인 시절 있다는 걸
빠르게 화기가 그들 속을 지나간다는 걸
뜨거움이 세면 셀수록 떨어짐은 빠른 법
서서히 화력을 올려 볶다 보니 또 알겠다
때론 시들해져
서로를 밀어내기도 한다는 것을
깨알 같던 연애사도
고소하지 않을 때도 있다는 것을
뜨거움 속에서도 밀고 당김은 있는 것
뜨거움이 약하면 고소함을 잃고
강하면 데이기도 하지
때론 서로에게서 떨어져 나가
영원히 흩어지기도 하는 것
멀어진 날들, 제 속을 새까맣게 태워보지만
함께한 시간의 고소함만 잃게 돼
본래의 모습에 상처만 남길 뿐이지

제 몸을 버린다고 해도
떠나간 시절은 다시 돌아오지 않는다는 법

수몰지

삼수저수지에 와 보니
가을 산이 수몰되고 있다

앞산은 물속에 제 모습을 마주 보며 붉어지고 있고

산국은 가장자리에
한 무더기 수중 꽃을 피워 올렸다

가을 햇살은 수몰된 나무에
고요를 걸어 놓았다

어찌하여
산은 붉고
산국에 벌떼는 아우성치는 것일까

바람이 한바탕 저수지의 가을을 흔드니
단풍나무는 말갛게 씻겨져 가라앉고
산국 향만 답문처럼 남아 있다

깊은 곳까지 닿은 전봇대는
오래전 수몰된 어느 빈집을 밝히고 있는 것일까

저수지에 햇살 스며들고
가을이 수몰되고 있다

라일락미용실

잡념이 쏟아져요
묵직하게 누르는 것들
잘라야겠어요 꼬리에 꼬리를 무는 이 푸석한 하루

미용실은 터부룩이 생각이 자란 사람들이 줄을 서지요
지끈거리는 시간들이 잘리고
수북하게 떨어져 쌓이는 불쾌지수
대부분 쓸데없는 허수의 지수지요

싹둑 잘라 주세요 사정없이 이 우울한 치렁거림
조금만 더, 조금만 더요
좋아요 훨씬 가벼워졌어요

산뜻하게 말아 올리는 오늘의 행복지수
밝은색으로 물들여 봐요
내 흐린 흐림 흐트러짐 안에 깊이 스미게

그래요 구석구석 살아 꿈틀거리는 어둡고 칙칙한 것들

라일락 향으로 헹귀 주세요
음습한 시간 보송보송하게 드라이해 주시고요

보세요
내 오후가 환해졌잖아요
어때요 당신은…

제4부

시큰거리는 저녁

부러진 날개를 끌고 가는 갈매기가 있다

저 먹이를 향해 돌진하는 갈매기 떼

사이에서 밀린다는 것은 낙오를 받아들여야 하는 일이라고

꺾인 날개를 끌고 가는 생 하나가

시큰거리는 저녁 속으로 스며들 때

울음처럼 떠오르는 저 붉은 낙조의 바다

갈매기 울음소리로 어둠이 온다

울음아,

어디로 가는 길이 보이니

돌담 도서관

용암동 시립도서관 돌담
고서를 꺼내 놓은 듯 쌓여 있어요

눅눅해진 페이지를 가을볕에 말려요
누구에게나 무제한 대여되는 계절이에요

은행나무와 단풍나무가 읽고요
새 떼들 독서회라도 하는지 시끄럽고요

오랜 세월 쌓아온 것들은 쉽게 무너지지 않는 거라며
돌담 고서 몇 권씩 독파한
나무들 붉고 노랗게 완성되어 갑니다

저 페이지 속에
몇 날 며칠을 파묻히고 싶은 나를
돌담 고서에 올려놓아 봐요
포르르 바람만 나를 읽고 가지만요

작자 미상일 것만 같은 저 고서들
이번 계절 베스트셀러가 되겠어요

독해 못 한 사람들만
도서관 돌담을 지나쳐 가고요

갱년기

감자 박스에서 감자가 싹을 틔웠다
쭈글쭈글 주름을 밀고 나온 저 뽀얀 싹들
뿔처럼, 제 몸의 방치를 시위하는 것일까
나는 내 주름의 시간을 바라본다
얼마나 오래 잊고 있었던 것일까
탱탱하던 몸을 양분으로 자란
이 뿔들의 신경질적인 날카로움
어쩌면 무관심을 뚫고 나온 항의인지 모른다
오늘 아침 설거지하던 고무장갑 속에서
툭툭 불거져 나오던 뿔처럼
지나가는 말에도 날이 서고
벗어 놓은 양말짝에 날카로워지는 내 뿔처럼
뿔들의 각축
마른 꽃의 수분 없는 어제와
삐걱대며 들어 올려지지 않는 오십견의 오늘
불안과 불균형의 우울은 불면으로 이어진다
흔들리는 일상을 뚫고 나온 뽀얀
뿔들을 쓰다듬어 본다

어딘가를 들이박겠다는 건 아닐 거야
손끝에 만져지는 감촉
괜찮을 거야
벌써 며칠째 침을 맞았던가
욱신거리는 허리에서 감자꽃이 핀다

누수

집에 문제가 생겼다
수리공은 낡은 보일러의 문제라고 했다
이명처럼 그것은 마치 낡은 아버지라는 말처럼 들렸다
늘 그 자리에 있어 내 관심 밖이었던
늙은 수리공이 터진 곳을 찾아 살피는데
저 손, 저 툭툭 불거진 핏줄의 마른 손
삐걱거리는 관절들을 다독이며
집 한 채 살피던 굳은살의
내 관심 밖이었던 그 허물어진 손
거적 같은 생을 들추면
그는 닳고 헐거워진 틈들로 서 있다
곳곳이 누수, 삭아 터진 줄도 모르고
툴툴툴 돌아가던 그 낡은 보일러
어느 눈 내리던 밤이었는지
나는 멈출 듯 멈출 듯 이어지는 모터의
심하게 쿨럭거리는 기침 소리를 들은 적이 있다
그때 나는 처음으로 죽음에 대해 생각했었다
늙은 보일러 수리공이 찾아가는 배관 어디

내 뜨겁게 달아오르던 유년의 어디
늘 그 자리에 있어 관심 밖이었던
집이 온전해졌다
윙윙 보일러 돌아가는 소리에
내 몸이 저릿해진다

굴참나무는 푸른 새들을 키우고 있다

굴참나무에 햇살이 내린다

파닥이는 햇살의 잎들

물결치는 날개들

한 나무를 뽑아 올릴 듯

일제히 날개를 파닥거리는데

조용해졌다가 다시 날개를 펴는

가지에 잡힌 무수한 흰 발들

어쩌다 떨어져 나간 날개 사이로

또 햇살은 내려와 그 자리를 채운다

짹짹거리는 빛의 부리들

햇살은 나무에 내리고

나는 햇살을 받고 있다

굴참나무

내 안에서 푸른 새들이 파닥거린다

도배

도배를 한다 엄마가 떠난 빈집
몇 년을 별러 왔는지

누렇게 뜬 벽
벽지를 뜯어내자 내 주저앉던 그 봄날처럼
벽에 무수한 실금
내린 만장처럼 벽지가 수북하게 쌓인다

밀봉된 시간의 과거를 들여다본다
한 번도 보여주지 않던 그 이면
벽지 속 벽
군데군데 거칠고 푸석해져 패인 자국들
갈라지고 터진 날들이 거기 남아 있었다

얼룩진 것들은 무늬를 새로 만들고
방치된 추억처럼 희미하다
벽에서 벽으로 이어져 막아냈을 찬바람과 우기의 계절을

나는 뜯어내고 있다

뜯어내자 색 바랜 꽃무늬 벽지가 나온다
당신의 시간을 기록하고 있을
검은 벽
먼지처럼 사라진 것들을 나는 찾고 있다

묵은 벽지를 뜯는다고 뜯는데
내 손이 지워 가는 흔적들
그래서일까
안방 도배지를 바르는데 한쪽 구석이 자꾸 운다

정박

차들이 불을 켜고 들어오고 나간다 집어등을 밝히고
차고지의 항구를 향해 속도를 올린다
이 도시의 밤바다

붉은 어등의 행렬은 밤늦도록 이어지고

저 어부들 오늘의 행로는 만선의 귀향일까
펄떡거리는 대어가 식탁에 오를 때
샹들리에 등처럼 커질 환한 얼굴들

어둠을 뚫고 달려와 내려놓는다
오늘이라는 만선

하루의 파도와 싸워 이긴 자의 돌아옴이란
생사를 넘어가는 멸치 떼의 질주
곳곳에 깔린 어망을 피해 살아남아야 하는 한 마리 정어리

푸른 등을 가진 어종이
욱신거리는 저녁을 정박하는 것이다
밀려오는 만성 피로의 너울을 생의 밑창에 깔고

어둠은 단단한 무엇처럼 완전한 거라지만
내면을 채운
사람들은 그 견고한 어둠을 민다

정박
또는 출항

목련꽃 출구

그의 부고를 받고 나는
그가 드디어 완전한 기러기가 됐다고 생각했다
그는 처음부터 기러기가 되기 위해 떠났었는지 모를 일이지만
날개를 위한 이국
그의 우수에서 나는 사춘기 소녀의 직감으로일까
환영처럼 자라 나오는 깃털을 감지했었으니까
어린 딸을 위한 신고
그곳에서 그가 할 수 있는 일은 날개를 생각하는 일
그리고 하늘의 깊이를 측량하는 일
그는 그렇게 갈 때처럼 예정도 없이 돌아왔다
판자촌에 야트막한 월세 둥지를 틀고
야행성 대리 기사 조류가 돼 갔다
민날개를 파닥거리는 그가 위태로워 보였지만
그때부터 그는 확실한 기러기가 돼 가고 있었는지 모른다
그러면서 조금씩 날개를 키웠을 것이다
두 평의 둥지에서

밤마다 날개를 쓰다듬으며 날아갈 방향과
바람의 길에 대해 생각했을 것이다
그에게 남은 것은 매일매일 자라는 날개뿐
그는 스스로 가벼워지려고 모든 걸 버렸는지 모른다
장례식장으로 가면서 나는
노을 속으로 날아가는 새 한 마리를 바라본다
저 환한 비상
어디로 날아가는가
저기 목련이 출구처럼 피고 있었다

꽃의 각질

금천동 서초목욕탕에는
이태리타월 한 장으로 세상과 맞선 여자가 있다
그녀에게 몸을 맡긴 사람들

그녀가 움직일 때마다
그들의 몸에서 떨어져 나온 각질은 슬픔인지도 모른다
살아가는 일이란 그런 것이므로
그리하여 그녀에게 몸을 맡기는 사람들이 많아졌을 것이다

다 슬픔이 있다고
봄꽃이 피는 것도
대추나무에 잎이 돋는 것도

나도 씻어내기로 한다
뜨거운 오늘의 욕조에 몸을 담그고
냉탕과 온탕을 오가는 나의 슬픈 각질들

거품은 자전의 방향으로 빠져나가고
내 일기는 상쾌
강이나 바다 어디쯤에서 붉게 부풀어 오를 것이다
23.5도 기울어진 금천동 서초목욕탕
그녀의 하루가 하늘에 닿아 있다

서울로 간 모소대나무

서울 한복판에 모소대나무 씨앗을 뿌렸습니다
자리 잡기까지 치열하다는 것 알면서도요

뿌리, 잘 내리도록
물관을 채워주고
이따금 안부를 묻는 것도 잊지 않았지요

그러는 동안 벚꽃이 피었다 지기를 수차례

코로나 기승은 댓잎 대신 자라기도 하고
내 불면의 밤은 뿌리를 향해 있었지요
모소대나무, 아이의 거듭되는 취업 실패로

몸 상하지나 않을까
내 불안이 물관으로 스며들까 노심초사하면서요

폭풍 성장을 위해 기다림은 필수라는 말은 침묵했지만
잘될 거라는 믿음은 돋아 댓잎처럼 푸르렀지요

드디어 모소대나무에 잎이 나기 시작했다는
소식을 아이가 보내왔습니다

대숲에서 불어오는 바람
나는 모소대나무 한 그루 집안으로 들입니다

집안이 환해집니다

안부

천안역에 가면 역전쌀상회가 있지
얼마나 됐을까는 몰라
문고리 닳도록 열고 있는 그 역전 쌀집

함석 문짝에 고전처럼 쓰여 있는 1 2 3 4
지난 기억처럼 흐릿하게
고층과 대형 틈에서 허름하지만 꿋꿋하게
아주 오래된 그 집의 안부를
나는 지날 때마다 물었다는 거지

우리의 배고픔을 채우기 위해
드나들었을 쌀가마니
그 가마니의 높이가
낮은 지붕을 떠받치고 있는 동안
세상사로 여닫았을 반질반질해진 문

나의 한 시절을 그 앞에 풀어놓고 서성거리다가
나의 자취방 살림살이들 달그락대는 소리 불러내서는

나의 오늘과 짜 맞춰 놓고 매만지다가
돌아와 저녁상 앞에 앉아 밥 한 공기 앞에 하느니

천안역 역전쌀상회
주인장도 안녕하신지

비워지는 골목

춘몽 씨의 치킨집 4대천왕
주방 집기들이 얼기설기 리어카에 실려간다
폐업, 주인장의 막막함으로 덜그럭거리는
이춘몽 인생 치킨
언제였는지 팬더믹쯤이야 자신만만 간판을 세웠던 게
잠깐 배달 오토바이가 줄을 서기도 했던가
번듯하게 한번 일어나 보자고 모셨던 북어가
날기를 소망으로 인생을 튀겨보겠다던 기계들이
실려간다 문을 닫고
몇 번의 계절도 못 버틴 춘몽 씨 꿈의 날개
하필 이 눈 쏟아지는 대설에 접히다니
고물상으로 나가는 4대천왕의 최후
빠진 닭털처럼 공과금 독촉장들이 날리는
장지로 가는 길
쩍 벌어진 북어 입속으로
사는 게 다 그렇지 뭐
대설의 하늘이 무너져 내린다
나는 소상공인 상련이었을까

수인사도 없던 춘몽 씨와
뜨끈한 콩나물국밥 한 그릇 생각난 것이

엄마의 뜨개질

도안도 없이 엄마가 뜨개옷을 떠가요
손끝이 지나는 길에 풀잎이 피고
+로 -로 대바늘이 털실을 떠올릴 때마다 붉은 영산홍
나도 저렇게 떠졌을지 몰라

그래서일까요 내게서 엄마 냄새가 난다고 해요
올이 터진 엄마의 하루
보풀이 일어 늘 바람이 들락거렸지요
꼭꼭 여며도 어딘가는 헐렁해서 한기가 돌고

나는 한 올 한 올 엮어 목련꽃으로 피었어요
반듯하게 한 치도 삐뚤어지지 않는 길
엄마의 편물은 풀었다 다시 떠 갈 수 없다니까요
때론 엉킨 날에도 끊어내는 법이 없었지요
나의 길이었으니까요

계절마다 손가락 끝 붉게 꽃물 흐르기도 했지만요
거친 손에서 한 생이 넓혀 갈 때 허리 굽은 날 많았던

엄마의 길

빡빡하게 짜는 것 같지만 바람길 터놓고
내가 가야 할 길
떠가던 뜨개질 법

나도 이제 엄마처럼 뜨개질을 해요
코 빠뜨려 울컥하기도 하고
올이 풀려 먼 길 돌아오기도 했지만요
꽃잎으로 내 아이의 옷을 떠가요

찔레꽃

다시 찔레꽃은 하얗게 피었습니다
지난봄에 왔던 그 꽃
몇 계절을 건너고 와 다시
여기 하얀 꽃 무더기로
담을 넘어
한 생을 피웠습니다
나는 외부인으로 서서
그들을 보고 있습니다
나와는 무관하게
꽃이 피는 그 세상을

해설

독창적 은유의 세계에서 창출되어 서로 손잡는
놀라운 의미들의 연결 고리

　　　　　　　　　　호병탁(시인 · 문학평론가)

1

시집 제목이 『닻근리 호두나무 제작소』이다. 우선 '닻근리'라는 동네 이름이 시선을 끌며 호기심을 자극한다. '리(里)'라면 군, 면 다음에 오는 가장 작은 단위의 행정 구역으로 어떤 마을의 명칭임에는 틀림없다. 그리고 이 명칭은 모두가 한자로 표기될 수 있다. 그런데 '닻근'이란 말은 한자로 표기될 수 없는 아주 생소한 말이고 궁금증과 호기심이 야기된 우리의 시선은 즉시 책의 다음 장을 향한다.

「시인의 말」에서 시인은 "여기 닻근리"에는 "올해도 마당가에 배롱꽃이 피었"고, "아버지의 호두나무에는 호두가 열렸"고, 자신은 "그동안 발표한 시를 모아/한 권의 시집을 엮었다"고 독자들에게 인사말을 전하고 있다. 그렇다면 '닻근리'는 시인이 오래전부터 살았고 지금도 시를 쓰면서 그리는 곳이라는 말이 된다. 그리고 시집 제목에 나타나는 호두나무가 있는 곳이기도 하다. 내친김에 「닻근리에서」라는 작품을 찾아 읽어 본다.

늙은 호두나무 한 그루 수액을 맞고 있다

절반쯤 비어 있는 몸통
그동안 저 몸을 누구에게 내주었으려나

빈 나무에서
한 가계의 피고 짐을 본다

나의 풍요와
우리의 계절이 드나든
적막

이제 속울음조차 내놓을 수 없는
나의 닻근리

그리움의 방식이란
단단한 호두 껍데기를 깨는 일이어야 하는지

내 아버지가 저기 있다

—「닻근리에서」 전문

 수액으로 견디는 "늙은 호두나무"는 이제 그 몸통이 "절반쯤 비어 있"다. 화자는 그 빈 몸통을 보며 "그동안 저 몸을 누구에게 내주었"을까 생각한다. 그리고 "한 가계의 피고 짐을" 보게 된다. 이 말은 한 집안에서 일어났던 '웃음과 눈물', '즐거움과 괴로움' 등의 갖가지 사연을 가리킨다. 그래서인가. "빈 나무에"는 화자와 가족의 "계절이 드나든/적막"이 감돌고 있다. 더 나아가 "이제 속울음조차 내놓을 수 없는" '닻근리'의 여러 사연을 담은 적막도 함께 감돌고 있다. 늙은 호두나무는 화자와 화자의 가족은 물론 닻근리 마을까지 비유하는 역할을 수행하며 서 있는 것이다.
 이어 시인은 갑자기 "그리움의 방식"에 대해 언급하며 그것은 "단단한 호두 껍데기를 깨는 일"이라고 말하고 있다. 그렇다. 그리움을 견디며 살아야 한다는 것은 말 그대로 호두 껍데기 깨는 일처럼 힘들고 괴로운 일이 아닐 수 없다. 동시에 우리는 화자가 그런 힘겨운 그리움을 견디고 있다는 사실을 감지하게 된다. 이어 마지막 연이 어떤 수식도 형용도 없이 무심한 듯 짧게 발화된다.
 "내 아버지가 저기 있다".

작품은 끝났다. 그러나 이 짧은 발화는 화자의 여실한 심경을 전언하는 동시에 감동으로 독자의 가슴을 치는 이 작품에서의 백미라고 할 수 있다. 이 연에서 '아버지'는 처음 등장한다. 그리고 그가 보여주는 것은 단지 '저기 서 있는' 모습일 뿐이다. 그럼에도 우리는 시인의 간절한 그리움의 대상이 바로 '아버지'였음을 알게 되고, 가족과 닻근리 마을의 사연을 담고 서 있는 늙은 호두나무도 바로 아버지의 상징처럼 '저기 서 있는 것'임을 알게 된다.

처음 생소하게 들렸던 '닻근리'라는 마을 이름은 이제 위 작품을 통해 우리에게 아주 정겹고 친근하게 다가온다. 그리운 아버지가 서 계신 곳이기 때문이다. 그러면 어머니에 대한 그리움은 어떠할까. 시인에게 그것은 더했으면 더했지 못할 일이 전혀 없다.

> 요양병원 보듬의 집 앞 황매화가
> 비에 젖고 있었네
>
> 꽃송이마다 그렁그렁 맺혔다 떨어지는
> 빗방울,
>
> 누가 여길 찾아 꼭 넘어올 것 같은 길인가
> 저 물안개 첩첩인 고개는

짙어가다 노랗게 질 것 같은 누구의 기다림은 아닌지

이만치 와서 돌아보면
보일 듯 보일 듯 와서 돌아보면

내 어머니 같은 황매화 한 분이
비를 맞고 서 계셨네
―「황매화 한 분」 전문

 시인은 "요양병원 보듬의 집"이란 말로 작품의 문을 연다. 즉 시적 배경을 묘사하며 첫 번째 견인하는 어휘가 '요양병원'이다. 우선 이 말에 주목할 필요가 있다. 시인은 이미 「삭아가는 자전거」라는 작품에서 '요양원'에 들어가는 노인을 "다 닳아 떼어 버려진 자전거 안장"으로 비유하고, 다시 그 '자전거'를 "직진을 신념으로 여기던 바퀴에/족쇄처럼 거미줄이 채워"진 것이라는 절묘한 문장으로 서술한 바 있다. 맞는 말이다. 대개 요양원에 들어가면 건강한 몸으로 다시 퇴원하는 경우는 거의 없다. '낡은 자전거'처럼 이승과 하직하기 전의 마지막 거처가 될 뿐이다. 따라서 이곳은 만남의 기쁨과 즐거움과는 거리가 먼 곳이다.

시적 배경은 '황매화'가 피어 있는 어느 '비 오는 날'의 '요양병원 앞'으로 이미 매우 서정적이고 감성적이다. 시인은 이때 비에 젖는 꽃을 보며 "꽃송이마다 그렁그렁 맺혔다 떨어지는/빗방울,"이라고 그 정경을 아주 구체적이고 선연한 시각적 심상으로 묘사하고 있다. 아마도 어머니는 요양원에 입원하고 있었던 것 같다. 시적 배경은 벌써 우리에게 머지않아 다가올 별리의 안타까움을 예감케 하고 있다.

비가 오니 바라보이는 먼 산도 "물안개 첩첩인 고개"로만 보일 것이다. 그러나 누군가 "여길 찾아 꼭 넘어올 것 같은" 간절한 "기다림"의 고갯길이다. 어머니는 마지막 거처에서 누군가를 기다리고 있다. 그 기다림의 모습이 "짙어가다 노랗게 질 것 같은" 황매화의 모습과도 같다. 화자는 어머니를 만나고 돌아오던 길인 모양이다. "이만치 와서 돌아보면/보일 듯 보일 듯" "내 어머니 같은 황매화"가 "비를 맞고 서" 있다.

한마디로 쓸쓸한 어머니의 모습을 애절하게 그린 작품이다. 그래서 어머니에 대한 애정이 더 각별하게 나타나는 작품이기도 하다.

2
'기억'과 '회상'은 거의 동의어로 사용될 정도로 상보적이다. 즉 전자는 지난 일을 잊지 아니하는 것이고 후자는 지난 일을 돌이켜 생각하는 것이다. 둘 다 '체험적 사실'을 근거로 한다. 환언하면 기억은 체험적 사실을 잊지 않는 '잠재적 능력'이고 회상은 그것을 인출하는 '활동적 과정'이다. 따라서 둘은 모든 '체험'에 공통적으로 나타나는 상보적 관계라고 할 수 있다.

　시인은 몸속 창고에 간직하고 있던 기억의 내용들을 회상을 통해 언어로 인출하고 있다. 앞의 두 작품에서도 '늙은 호두나무'나 비에 젖는 '황매화'라는 확보된 배경을 시작으로 하여 자신만의 언어 운용을 통해 그 감각적 선명도를 서서히 높여가고 그와 연결된 여러 기억의 내용이 회상을 통해 형이상학적 단계까지 이르렀을 때 완성된 작품으로 인출해 내고 있다.

　시인은 여러 작품에서 자기가 사는 곳 주위에서 일어나는 체험적 사실들을 언어 형상화하고 있다. 쓸쓸하게 이사 가는 동네 골목 치킨집의 사연을 그린 「비워지는 골목」도 그중 하나다.

　　춘몽 씨의 치킨집 4대천왕
　　주방 집기들이 얼기설기 리어카에 실려간다
　　폐업, 주인장의 막막함으로 덜그럭거리는
　　이춘몽 인생 치킨

언제였는지 팬더믹쯤이야 자신만만 간판을 세웠던 게
잠깐 배달 오토바이가 줄을 서기도 했던가
번듯하게 한번 일어나 보자고 모셨던 북어가
날기를 소망으로 인생을 튀겨보겠다던 기계들이
실려간다 문을 닫고
몇 번의 계절도 못 버틴 춘몽 씨 꿈의 날개
하필 이 눈 쏟아지는 대설에 접히다니
고물상으로 나가는 4대천왕의 최후
빠진 닭털처럼 공과금 독촉장들이 날리는
장지로 가는 길
쩍 벌어진 북어 입속으로
사는 게 다 그렇지 뭐
대설의 하늘이 무너져 내린다
나는 소상공인 상련이었을까
수인사도 없던 춘몽 씨와
뜨끈한 콩나물국밥 한 그릇 생각난 것이
　　　　　　　　　—「비워지는 골목」 전문

　동네 골목의 치킨집이 가게 문을 닫고 이사를 간다. 장사가 잘되어 더 좋은 곳으로 가는 것이 아니다. "폐업"을 하여 덜그럭거리는 주방 집기들을 리어카에 싣고 이사를 가고 있는 것이다. 주인의 "꿈의 날개"는 "몇 번의 계절도 못 버"티고 접히고 말았다. "번듯하게 한번 일어나 보자고 모셨던 북어" 덕분이었던지 가게 앞에는 "잠깐 배달 오토바이가 줄을 서기도 했"었다. 그러나 오늘, "하필 이 눈 쏟아지는 대설에" "인생을 튀겨보겠다던" 튀김 기계는 "고물상"을 향하는 길을 가고 있다. 그 길에는 "빠진 닭털처럼 공과금 독촉장들이 날리"고 있다. 그야말로 "장지로 가는 길"에 다름 아니다. 가게 주인에게는 "대설의 하늘이 무너져 내"리는 것 같은 날이 되고 있는 것이다.

   여기서 우리는 시의 첫 행인 "춘몽 씨의 치킨집 4대천왕"이란 대목을 주시할 필요가 있다. '춘몽'은 가게 주인의 이름이고 '4대천왕'은 가게의 이름이다. '춘몽'은 '일장춘몽'이란 말처럼 봄날에 꾸는 한바탕의 꿈이라는 뜻으로 인생의 덧없음을 비유하는 말이다. 그렇다면 날개 한 번 못 펴고 꺾인 그의 사업체는 정말 자신의 이름 그대로 덧없는 봄꿈에 불과하였던 것인가. '천왕'은 불가에서 욕계·색계 등 온갖 하늘의 임금을 이르는 말이다. 그렇다면 '4대천왕'이라면 대단한 가게 이름이다. 정말 "자신만만"한 간판의 이름이 아닐 수 없다. 그러나 이 간판도 "공과금 독촉장들"이나 날리는 길을 따라 덜그럭거리는 리어카에 실려 고물상으로 가고 말았다. 강한 아이러니가 창출되며 글의 문학적 효과를 한껏 제고시키는 대목이 아닐 수 없다.

여기까지는 동네 치킨 가게의 이사 장면 묘사다. 참으로 가슴 아픈 정경이다. 실제로 이런 정경은 우리 주위에서 쉽게 눈에 띈다. 소규모의 많은 가게들이 사라져 가고 있는 것이 현실이다. 삶의 터전을 잃은 그들은 다시 어디에 가서 또 무슨 일을 해야 할 것인가. 이런 사회 현실의 문제에 대해 화자는 그 정경만을 묘사할 뿐 어떠한 자신의 개인적 견해도 발화하지 않는다. 물론 도덕적이거나 교훈적인 발화는 더더구나 없다. 그러나 마음 짠하게 다가오는 이런 묘사를 통해 안타까운 사회적 모순의 실태를 은연중 꼬집고 있음을 우리는 인지하게 된다.

독서의 편의를 위해 작품을 두 단락으로 나눠 본다. 첫 번째는 이사 정경이고 두 번째는 이에 대한 시인의 직접적 반응이다. 지금까지 이사하는 정경만을 보여주던 시인은 둘째 단락에 와서야 얼굴을 드러내고 자신의 속내를 보여주고 있다. "나는 소상공인 상련이었을까" 서로 가엾게 여겨 동정하는 마음이 '상련(相憐)'이다. 시인은 현실 사회의 아픔을 겪고 있는 '소상공인'을 안타깝게 여기고 진정 그들을 동정하고 있는지 스스로 묻고 있다. 답은 '그렇다'이다. 시인은 "수인사도 없던" 치킨 가게 주인 춘몽 씨와 "뜨끈한 콩나물국밥 한 그릇"이라도 나눌 것을 생각하고 있는 것이다. 정말 '콩나물국밥'처럼 따뜻한 마음이 아닐 수 없고 시인의 속내를 알게 된 우리의 마음도

절로 훈훈해진다.

작품은 끝이 났다. 그리고 대충 위와 같이 독해된다. 그런데 한 가지 꼭 집고 넘어가야 할 것이 있다. 작품에는 시제에 나타나는 '골목'을 비롯하여 '리어카', '주인장', '닭털', '북어', '고물상' 등 모국어의 기초적인 어휘들이 다수 견인되고 있다. 특히 '콩나물국'이란 말은 우리의 일상과도 밀착된, 투박하고 절실한 정감이 내재된 언어다. 다수의 사람에게 호소력을 갖고 선호되는 시는 대체로 생활에 밀착된 기본 어휘로 되어 있다는 것은 주목할 만한 점이다. '콩나물'과 같은 말은 누구에게나 성장 과정의 초기에 익혀 가장 오래 알고 있는 어휘 중의 하나다. 어린 시절은 사람들의 잃어버린 유토피아의 기본 구도가 된다. 따라서 사람들은 이런 기초 어휘에 대해 따뜻한 반응을 하게 마련이다.

3

문학의 특징 중의 하나는 언어를 특별한 방식으로 운용한다는 데 있다고 볼 수 있다. 지금까지 시인이 묘사하는 풍경은 전혀 색다른 것이 아니고 주위에서 흔히 볼 수 있는 익숙한 풍경들이다. 그러나 이런 풍경은 시인 언어 운용 방식, 즉 여러 문학 장치의 압력을 받아 낯설게 변형되는가 하면 오히려 그 풍경의 특징이 선명하게 부각

되기도 한다.

시인이 사는 마을에는 시장도 있을 것이고 그곳에는 당연히 생선 가게도 있을 것이다. 시집에는 의외로 이 생선 가게를 묘사한 같은 시제의 작품이 두 편 있다. 「시장 육거리 붉은 벽돌집」이다.

> 여기 생선으로 벽돌을 찍어내는 여자가 있다
> 시장 골목으로 향하는 리어카 바퀴가 붉고
> 미래의 벽돌집이 붉다
> 그녀의 거친 손바닥과 도마가 데칼코마니처럼 만나면
> 좌판 위의 생선들 붉을 채비를 한다
> 손님이 주문한 고등어가 토막 날 때마다
> 도마 위에서 지느러미로 벽돌을 찍어낸다
> 동태포 조기 갈치 오징어도
> 그녀의 곁을 떠나면서 전대 속으로
> 붉은 벽돌 몇 장이 비릿하게 쌓인다
> 검정 봉지에 생선을 포장해 주면서
> 그녀의 토막 난 꿈 조각과
> 고향을 떠나오던 봄날도 줘 버렸다
> 동태 내장을 손질하면서 그녀의 오장육부도
> 내장처럼 버려지는 날이 많아졌다
> 그런 날에는 파란 쓸개에서 쓴웃음이 나기도 했다

나는 괜찮다
저녁마다 붉은 벽돌을 밀고 가는 저 은빛 갈치 떼
　　　　　　　　—「시장 육거리 붉은 벽돌집 1」 전문

"여기 생선으로 벽돌을 찍어내는 여자가 있다"라고 작품은 문을 연다. 우리는 순간 이해할 수 없는 이 말에 어리둥절하게 된다. 도대체 '생선'과 '벽돌'은 무슨 관계가 있는 것인가. 이어 시인은 "시장 골목으로 향하는 리어카 바퀴가 붉고/미래의 벽돌집이 붉다"고 말한다. 리어카의 '붉은 바퀴'는 무엇이고 미래의 '붉은 벽돌집'은 또 무엇을 말하는 것인가. 우리는 앞서 말한 '언어의 특별한 운용 방식'을 시인이 구사하고 있음을 눈치챈다.

　독자반응비평에서는 독서 과정을 하나의 인식 행위로서 현상학적 인식론에 입각하여 설명한다. 문학 작품의 관찰은 주어진 형태 그대로의 소여(所與)성에서만이 아니라 텍스트를 파악하는 행위에도 해당한다는 것이다. 즉 문학 작품은 양극을 지니고 있는데 하나는 '예술적인 것'으로 작가에 의해서 만들어진 텍스트이며, 다른 하나는 '심미적인 것'으로 독자에 의한 '텍스트의 구체화'라는 것이다. 이런 의미에서 '작품'이란 '텍스트'가 독서를 통하여 '독자'의 의식 속에서 재정비되어 구성되는 것이라 하겠다. 즉 작품의 참다운 이해는 독자의 참다운 '독서 행위'에 의해서만 가능하다는 말에 다름 아니다. 그렇다면 독자인 필자는 나름대로의 텍스트 구체화를 통하여 시인의 특별한 언어 운용 방식을 관찰하고 독해를 해야 할 것으로 생각된다.

시인은 왜 "생선으로 벽돌을 찍어"낸다고 하는 것일까. 도마 위에서 "손님이 주문한 고등어가 토막 날 때마다" 그 하나하나의 '토막'은—개인적이고 주관적인 인식이겠지만—벽돌로 비유될 수도 있을 것이다. 그러나 이 경우 생선의 이름을 열거한 뒤의 행 "동태포 조기 갈치 오징어"에서의 '오징어'와는 비유 대상의 시각적 기본적 논리에서 조차도 어긋난다. 토막을 내더라도 오징어는 벽돌과는 전혀 닮은 구석이 없기 때문이다.

우리는 "그녀의 거친 손바닥과 도마가 데칼코마니처럼 만나면"이라는 시행을 주목하게 된다. '데칼코마니'는 종이 위에 물감을 칠하고 그 위에 덮어 찍거나 반으로 접어 눌렀다가 폈을 때 나타나는 대칭적·환상적 효과를 이용한 초현실주의 회화 표현 방법이다. 그렇다면 도마 위의 생선은 제 모습을 보여주기는 벌써 글렀다. 뭉그러진 물감이 일정한 형태를 갖춘 '벽돌'의 모습이 될 수도 없다.

그녀의 곁을 떠나면서 전대 속으로
붉은 벽돌 몇 장이 비릿하게 쌓인다

위 두 행의 발화는 독해에 결정적인 열쇠의 역할을 한다. '붉은 벽돌'이 여인의 '전대' 속으로 들어가 쌓이고 있기 때문이다. 여기서 '전대'라는 어휘가 작품에서 유일하게 단 한 번 등장한다. '전대(纏帶)'는 허리에 두르거나 어깨에 메는 자루다. 여인은 허리에 전대를 두르고 생선을 팔고 받은 대가, 즉 붉은 벽돌 몇 장을 그 자루에 담고 있는 것이다. 쉽게 말하자면 생선 판 값 '돈' 몇 푼이다.

이어 생선 가게 여인의 신산한 삶이 묘사된다. 그녀는 "검정 봉지에 생선을 포장해 주면서" 자신의 "토막 난 꿈 조각"도 "고향을 떠나오던 봄날"도 줘 버렸다. "동태 내장을 손질하면서" 자신의 "오장육부도/내장처럼" 함께 버리고 만다. 오죽하면 "그런 날에는 파란 쓸개에서 쓴웃음이 나기도 했다"고 말할까.

그러나 여인의 결론은 "나는 괜찮다"이다. "저녁마다 붉은 벽돌을 밀고" 돌아갈 수 있기 때문이다. 우리는 이제 붉은 벽돌이 '생선을 판 수익'이라는 것을 인지한다. 이는 여인의 현재 생계뿐만 아니라 미래 삶의 든든한 담보가 되기도 한다. 그래서 작품은 긍정적인 결론으로 마감되고 있는 것이 아닌가.

이런 현상은 같은 시제의 두 번째 작품에서 더욱 구체적이고 확실하게 그 윤곽이 드러난다.

새벽마다 이 골목에선 싱싱하게 살아 숨 쉬는
비린내가 출렁거린다

은빛 고기떼로 몰려다니는 인파
그녀들은 집어등을 켜고 골목을 지킨다
볼락 갈치 오징어 생태
밀물처럼 차오르다 썰물처럼 나가는 하루의 만조에 대해
생각하지는 않는다

마수걸이는 언제나 있고 파장은 오므로

좌판에서 벗겨지지 않는 질긴 껍질 같은 가난도
벗겨내지 않았던가
　그녀의 붉은 벽돌집 한 채 그렇게 생겨나지 않았던가
　　　　　―「시장 육거리 붉은 벽돌집 2」부분

　비록 어려운 삶이지만 생선 좌판이 늘어선 시장 골목은 새벽부터 "싱싱하게 살아 숨 쉬는/비린내"가 출렁거린다. 많은 사람들이 "은빛 고기떼로 몰려다"닌다. 생선가게 여인도 시장 골목 귀퉁이에 좌판 한 칸 세우고 아침을 건져 올린다. 활기차고 분주한 시장의 모습이 선연하다. 그녀는 "밀물처럼 차오르다 썰물처럼 나가는" 하루의 간·만조에 대해서는 생각하지 아니한다. 어차피 시장에 "마수걸이는 언제나 있고 파장" 또한 언제나 있는 것이 아닌가. 그저 부지런히 도마 위의 생선을 '벽돌로 찍어내어' 손님의 '검은 봉지에 담아 주는 일'에 몰두할 뿐이다. 어제도 그렇게 했고 앞으로도 그렇게 할 것이다. 그리하여 앞 작품에서처럼 "저녁마다 붉은 벽돌을 밀고" 집에 돌아갈 것이다.

그 결과 어떻게 되었는가. "좌판에서 벗겨지지 않는 질긴 껍질 같은 가난도" 마침내 "벗겨내지 않았던가". 우리는 이제 '붉은 벽돌'이 '수익'의 은유였다는 것을 안다. 그러나 은유가 아닌 실제의 현실적인 "그녀의 붉은 벽돌집 한 채"도 마침내 생겨나고 말았다. 우리는 몸은 약할지 몰라도 강한 정신력으로 골목 시장에서 싱싱한 존재의 가치를 보여주는 이 여인의 모습에 절로 박수를 보내지 않을 수 없다.

4

조영행 시인의 시편들은 전체적으로 내면 의식이 토로 방식이나 그 표현 방법에 균질성을 보여주고 있다. 이 작품 저 작품 집적거릴 일이 아니다. 이제 시인의 시 세계

와 시작법의 이해에 결정적인 빛을 준다고 생각되는 작품 한 편을 골라 읽고 그 특징을 정리해보자.

시장 육거리에 가면 몇 권 분량의 시를 만나게 된다
정육점에서 전집에서 그릇 가게에서 순대국밥집에서
나는 고등어 좌판 앞에서 몇 편의 시를 읽다가
고등어 한 권 사 들고 오는데

비릿한 시 한 손 들고 탄 버스는 고등어의 힘으로 가는지
브레이크를 밟을 때마다
내 무릎 위에서 출렁거리는 검은 비닐봉지 속의 시 한 손
바다를 건너온 고등어의 언어를 나는
어떤 시작법으로 받아 적어야 하는지

고등어를 다듬다 보는 것이다
한 손의 내가 다른 한 손의 시를 읽고 있는 것을

집안에는 푸른 등의 시편이 구워지는 냄새가 돌아다니고
응축된 언어를 쏟아낸다

독창적 은유의 세계

선명한 물결무늬를 내게 받아 적으라 하는데
나의 행간에는
죽은 고등어만 한 손 뻣뻣하게 놓여 있다
—「고등어 시편」 전문

시인은 동네 시장에 가면 여러 가게에서 "몇 권 분량의 시"를 만난다. 그리고 생선 가게의 "고등어 좌판 앞에서" 시를 읽다가 "고등어 한 권 사 들고" 온다. 돌아오는 버스는 "고등어의 힘으로 가는지/브레이크를 밟을 때마다" "검은 비닐봉지 속의 시 한 손"이 시인의 "무릎 위에서 출렁거"린다. 고등어 '한 권'이나 시 '한 손'이란 말에서 우리는 즉시 고등어와 시가 동격으로 변모되고 있음을 인지하게 된다. "바다를 건너온 고등어의 언어를 나는/어떤 시작법으로 받아 적어야 하는지" 시인은 스스로에게 묻고 있다.

조영행 시인 시의 가장 큰 특징이자 장처는 독특한 상상력으로 서로 손잡는 놀라운 의미들의 연결 고리다. '고등어'와 '시'는 어떤 의미의 연결 고리도 없다. 그러나 시인은 '고등어의 언어'를 '시의 언어'로 환치시킨다. 마찬가지로 '생선 토막'은 은유되어 '붉은 벽돌'로, 이는 다시 현실의 '붉은 벽돌집'이 되어 의미의 연결 고리를 생성하는 것이 아닌가.

이런 현상은 시집 전반에서 산견된다. 「닻근리에서」의 "늙은 호두나무"는 그리운 아버지를 표상하고 비유하며 쓸쓸하게 서 있다. 그러나 아버지뿐이 아니다. 이 나무는 "한 가계의 피고 짐"도, "계절이 드나든 적막"도, "이제 속울음조차 내놓을 수 없는" 닻근리의 사연까지 함께 담고 서 있다. 「비워지는 골목」에서도 고물상으로 가는 리어카 위에는 "덜그럭거리는 주방 집기들"도, "인생을 튀겨보겠다던" 튀김 기계도 함께 가고 있다. 더구나 "공과금 독촉장들"까지 같은 리어카 위에 날리고 있다. 서로 다른 사물들이 '파산'이란 하나의 의미를 공유하며 손잡고 복무하고 있는 것이다.

시인은 고등어를 다듬다 보니 "한 손의 내가 다른 한 손의 시를 읽고 있는 것을" 본다. 그리고 다음과 같은 결정적 발화를 터뜨린다.

    집안에는 푸른 등의 시편이 구워지는 냄새가 돌아다니고
    응축된 언어를 쏟아낸다
    독창적 은유의 세계

집안에는 고등어 냄새가 아니라 "시편이 구워지는 냄새가 돌아다"닌다. 이렇게 시가 만들어지는 상황에서는 산만하고 흩어진 언어가 아니라 당연히 "응축된 언어"가 쏟아지게 마련이다. 시인은 본인 스스로 말한다. 이런 상황의 세계가 "독창적 은유의 세계"라고. 맞다! 바로 이거다! 앞서 말한 조영행 시인의 시의 가장 큰 특징은 '의미들의 연결 고리'이고 이는 바로 심상, 비유, 상징을 포함한 "독창적 은유의 세계"에서 창출되는 것이 아닌가. 이미 "시편이 구워지는 냄새"라는 말 자체가 벌써 대단한 독창적 은유가 아닌가.

시인은 겸양의 말로 작품 「고등어 시편」을 마감하고 있다. 고등어는 "선명한 물결무늬를 내게 받아 적으라 하는데" 막상 자신의 작품 "행간에는:/죽은 고등어만 한 손 뻣뻣하게 놓여 있다". 작품이 만족한 상태에 이르지 못하고 무언가 부족하다는 것을 토로하고 있는 겸양의 말이다. 그러나 '시 행간에 죽은 고등어만 뻣뻣하게 놓여 있다'라는 말 역시 얼마나 독창적인 은유인가. 멋진 결구다.

5

시작품에서는 대개 시인 자신이 시적 화자가 되어 현재의 어려운 심경을 토로하기도 하고 앞날에 대한 각오를 피력하기도 한다. 시인은 「불온한 세계」라는 작품에서

"뒤죽박죽편집적갱년기산전우울증"에 시달리고 있다고 토로한다. 얼핏 거창한 병명처럼 보이지만 사람이 나이가 들어 몸의 기능 여기저기에 장애가 나타나고 있음을 말하는, 시인 스스로 작명한 병명에 다름 아니다. 시인은 이를 "이순의 입덧을 앓는 중"이라고 아주 절묘한 표현을 하고 있다. '입덧'은 임신한 사람이 겪는 아픔이다. 이를 '이순'의 나이에 앓다니 강한 아이러니가 생성되고 있다. 그러나 시인은 실제 현실에서도 "만성 두통"에 의한 "불면의 몽유 지대를 서성거"리는 어려움을 겪고 있는 것이 사실인 것 같다.

  대개의 사람이 나이 들며 겪는 일이지만 이때가 되면 몸 여러 곳에 기능 장애가 발생하고, 이에 따라 강했던 의지는 꺾이고 매사에 무기력해지기 마련이다. 즉 몸이 헐거워지는 것이다. 그러나 시인은 자신의 헐거워져가는 몸의 '나사'를 다시 조이기로 다짐한다.

    조인다,
    흐릿한 눈빛과 헐거워진 하루부터 조여 본다
    끓는 압력밥솥 추처럼 흔들리는 생각을
    제자리에 끼워 넣는다
    내가 나를 조여 보는 것이다
    (……)

헐거워진 것들은 꼭 조여야 한다
　　비로소 잘 맞물려 돌아가는 것처럼
　　집안의 수도꼭지도 벽시계도 나의 사람들까지도
　　　　　　　　　　　　　　　　　―「나사」부분

 시인은 나이 들며 무기력해지는 자신을 조인다. 눈빛도 흐려지고 하루조차도 헐거워진 것 같다. 조인다. "끓는 압력밥솥 추처럼 흔들리는 생각"(강력한 심상의 멋진 비유다.)도 "제자리에 끼워" 넣고 조인다. 모든 "헐거워진 것들은 꼭 조"인다.
 시인은 염려 마시라. 조여진 모든 것은 "잘 맞물려 돌아갈 것이다. 그리하여 "독창적 은유의 세계"에서 창출된 모든 시편들은 서로 손잡고 빛을 발할 것이다.

시인의 말

올해도 마당가에 배롱꽃이 피었습니다

바람에 꽃잎이 흔들릴 때마다
떠난 어머니가 안부를 묻습니다

나는 답장을 씁니다

여기 닻근리
아버지의 호두나무에는 호두가 열렸고요

그동안 발표한 시를 모아
한 권의 시집을 엮었다고요

2024년 여름
조영행

닻근리 호두나무 제작소

2024년 7월 25일 초판 1쇄 펴냄

지은이 _ 조영행
펴낸이 _ 양문규
펴낸곳 _ 詩와에세이

신고번호 _ 제2017-000025호
주   소 _ (30021)세종특별자치시 조치원읍 충현로 159, 상가동 107-1호
대표전화 _ (044)863-7652
팩시밀리 _ 0505-116-7653
휴대전화 _ 010-5355-7565
전자우편 _ sie2005@naver.com
공 급 처 _ 한국출판협동조합
주문전화 _ (02)716-5616
팩시밀리 _ (031)944-8234~6

ⓒ조영행, 2024
ISBN 979-11-91914-61-0 (03810)

* 지은이와 협의하여 인지는 생략합니다.
* 이 책 내용의 전부 또는 일부를 재사용하려면 반드시 지은이와
  詩와에세이 양측의 동의를 받아야 합니다.
* 책값은 뒤표지에 표시되어 있습니다.
* 이 책은 충청북도, 충북문화재단의 후원을 받아 예술창작활동지원사업의
  일환으로 발간되었습니다.

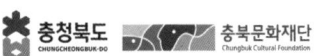